OS ANJINHOS
trazem alegria
e bem-estar
pra você

Marlis Salzmann
Zilda Hutchinson Schild Silva
(colaboradora)

OS ANJINHOS
trazem alegria e bem-estar pra você

EDITORA PENSAMENTO
São Paulo

Título do original: *Die Kleinen Engel Leben Bewusst.*

Copyright © 2003 Aquamarin Verlag.

Copyright da edição brasileira © 2006 Editora Pensamento-Cultrix Ltda.

Todos os direitos reservados. Nenhuma parte deste livro pode ser reproduzida ou usada de qualquer forma ou por qualquer meio, eletrônico ou mecânico, inclusive fotocópias, gravações ou sistema de armazenamento em banco de dados, sem permissão por escrito, exceto nos casos de trechos curtos citados em resenhas críticas ou artigos de revistas.

A Editora Pensamento-Cultrix Ltda. não se responsabiliza por eventuais mudanças ocorridas nos endereços convencionais ou eletrônicos citados neste livro.

O primeiro número à esquerda indica a edição, ou
reedição, desta obra. A primeira dezena à direita indica
o ano em que esta edição, ou reedição foi publicada.

Edição	Ano
2-3-4-5-6-7-8-9-10-11	11-12-13-14-15-16-17

Direitos de tradução para a língua portuguesa
adquiridos com exclusividade pela
EDITORA PENSAMENTO-CULTRIX LTDA.
Rua Dr. Mário Vicente, 368 – Ipiranga
04270-000 – São Paulo, SP
Fone: (11) 2066-9000 – Fax: (11) 2066-9008
E-mail: atendimento@pensamento-cultrix.com.br
http://www.pensamento-cultrix.com.br
Foi feito o depósito legal.

Introdução

Os anjinhos lhe dão as boas-vindas! Eles são os ajudantes dos anjos grandes. De certa maneira, eles são o "comando especial" para as pequenas coisas do dia-a-dia. Também aqui os ajudantes invisíveis do reino angélico são imprescindíveis.

Com certeza um dos anjinhos também tem uma mensagem da vida consciente para *você*. Simplesmente abra o livro dos anjinhos intuitivamente numa página ou em várias, ou leia o livro inteiro se tiver vontade. Leia o texto ao lado da figura e eis aí a mensagem do seu anjo. Basta você adaptá-la à sua situação, basta interpretá-la.

Quem é que não precisa de uma resposta, um carinho, um conselho, um estímulo ou ajuda para tomar uma decisão? Se você está triste ou deprimido, se está com complicações amorosas, se tem preocupações financeiras ou profissionais, a quem recorrer? Os anjinhos estão aí, à espera dos seus pedidos. Como entrar em contato com eles? Agora ficou ainda mais fácil. Você sempre pode rezar a oração "Santo Anjo do Senhor", você pode ouvir música inspiradora, fazer um ritual com flores e velas, enfeitar o ambiente porque eles gostam de beleza e harmonia. Mas tendo feito tudo isso, ainda resta um outro recurso poderoso: este livro. Abra intuitivamente numa página e verá um anjo e a sua respectiva mensagem. Se ainda não estiver satisfeito, abra outra página, consulte tantos anjos quanto quiser. No final a sua vida se encherá de alegria e os seus problemas se resolverão num piscar de olhos graças à magia angélica. Você deve guardar este livrinho com todo cuidado, pode até mesmo levá-lo com você para onde for, pois assim poderá consultá-lo em caso de emergência ou quando tiver de tomar uma atitude e estiver em dúvida sobre o que fazer.

Ouça a voz dos anjos e todas as noites não se esqueça da oração:

Santo anjo do Senhor,
Meu zeloso guardador,
Se a ti me confiou
a piedade divina,
para sempre me rege,
me guarda, governa e ilumina.
Amém!

OS ANJINHOS
trazem alegria
e bem-estar
pra você

O anjo da sauna

A sauna das estrelas
purifica duas vezes mais!
Junte-se a nós e logo você
verá como é bom.

O anjo da respiração

Não se esqueça de respirar profundamente. Inspire e expire naturalmente, enchendo e esvaziando os pulmões do ar precioso.

O anjo da Lua

Você está sonhadoramente
protegido no meio da luz.
A luz prateada da Lua envolve
você, fazendo-o brilhar.

O anjo da alegria de viver

Hoje eu danço com as borboletas. E as suas cores vibrantes me enchem de alegria.

O anjo vegetariano

Verduras são saudáveis.
Está na hora de você mudar
os seus hábitos alimentares.

O anjo do perdão

Perdoar faz bem.
Mas não se esqueça de
perdoar primeiro a si mesmo.
A quem você ainda
precisa perdoar?

— 23 —

O anjo da simpatia

Talvez o velho halo já tenha
cumprido o seu tempo
de serviço? Não fique triste,
logo alguém lhe dará
um outro.

O anjo das ervas

As ervas dão tempero à vida.
E tudo fica muito mais
saboroso! A diversão
também faz parte da vida!

O anjo da massagem

Mãos amorosas fazem milagres. Conceda a si mesmo o prazer de uma massagem recuperadora. Depois também faça uma massagem em alguém.

O anjo do calor

Não há nada melhor do
que uma bolsa de água
quente na hora certa.
É assim que você pode
eliminar as suas dores.

O anjo da atenção

Dê a preferência aos outros algumas vezes. Você se sentirá muito realizado ao ver como eles ficam contentes!

O anjo da tolerância

Tudo é possível! Se você resistir a uma situação, dificilmente ela será controlada. Não leve tudo tão a sério.

O anjo da alegria

Simplesmente se solte!
Divirta-se, não leve a vida
tão a sério! A alegria deixa
a vida mais bela.

O anjo da criatividade

Deixe a alma voar.
Dessa maneira você criará
coisas incríveis, motivado
pela inspiração angélica.

O anjo da acupuntura

Restabeleça o equilíbrio
de energia. E a vida como
um todo será muito melhor!
A sua saúde será muito melhor.

O anjo do jejum

Abandone o supérfluo.
Um jejum é ótimo para
desintoxicar o organismo,
para livrá-lo dos
resíduos supérfluos.

O anjo do riso

Você já riu hoje? Uma boa risada espontânea é o melhor remédio para curar a tristeza e o desânimo.

O anjo do ayurveda

Eu lhe dou de presente
um dia para você se
sentir tão bem quanto eu.
Siga os princípios
do ayurveda para
ter boa saúde.

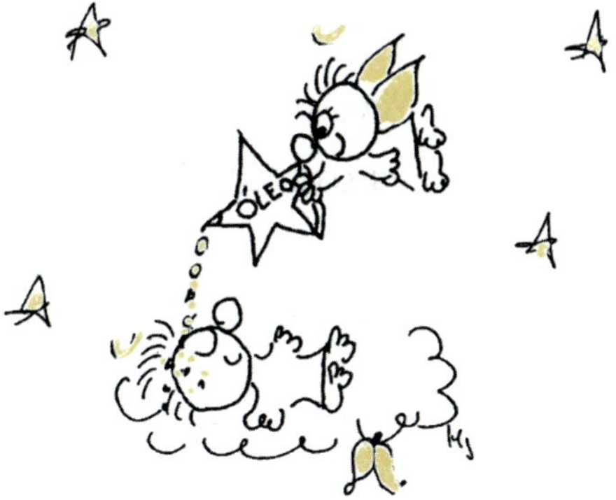
OLEO

O anjo da aura-soma

Você é a cor que escolher.
Obtenha os frascos e escolha
a sua combinação predileta,
pois está na hora de você fazer
um tratamento alternativo.

O anjo do tofu

Amplie os horizontes!
Por que não comer alimentos
mais naturais? Eles fazem
bem ao organismo e à pele.

O anjo do conforto

Peça uma licença e
acomode-se na sua nuvem.
Um intervalo no trabalho
recupera a energia e faz
muito bem!

O anjo da homeopatia

A cura suave é possível.
No começo os sintomas
pioram, mas isso é indício
da cura eminente.

O anjo da decisão

O céu está em toda parte.
Assim que você tomar
uma decisão,
tome uma atitude.

O anjo do müsli

Müsli para os filhos
das estrelas. E você,
também gosta de cereais,
principalmente pela manhã?

O anjo do jogging

O caminho é o objetivo!
E onde houver um desejo
também haverá um
caminho. Nada como
exercitar-se ao ar livre!

O anjo do tai-chi

A força maravilhosa
da lentidão. Quem sabe
não está na hora de você
fazer algum tipo de exercício?

O anjo das calorias

Mas o que é isso, uma caloria?
Os adeptos das dietas
podem explicar, pois vivem
evitando ou contando as
calorias... o objetivo
é perder peso.

O anjo da dieta

Argh! Temos de fazer um enorme sacrifício para perder uns quilinhos que logo voltam, basta comer um doce!

O anjo da música

O quê? Você nunca assoprou
numa trompa? Que pena,
não sabe o que está perdendo!
Sempre que puder,
ouça uma música.

O anjo da brincadeira

Brincar alegra o ânimo.
Esqueça as preocupações,
brinque como criança
e a vida lhe sorrirá.

O anjo da viagem

De modo inusitado rumo
a novos objetivos.
Quem é que não sonha
com fazer uma bela viagem?
Que tal ver novos horizontes?

O anjo do mimo

Mime uma pessoa querida
durante todo o dia. Depois,
espere que alguém faça
o mesmo por você.

O anjo do aroma

Sinta o perfume da vida.
Que tal usar um perfume
agradável todos os dias?
Que tal acender um incenso?

Lavanda

O anjo da boa forma

A cada dia me sinto
em melhor forma física.
E em boa forma cumpro
melhor todos os
compromissos.

O anjo cozinheiro

Novamente vou preparar
um prato especial! Será que
os convidados chegarão na hora?
Só ofereça comida saudável.

O anjo que consola

Um lenço na hora certa
faz maravilhas!
De preferência, não chore,
pois isso também passará.

O anjo do yoga

Uma visão totalmente nova do mundo. Conforme o ângulo de visão, tudo parece ser muito diferente.

O anjo do iogurte

A boa forma começa com o café da manhã. Se você acrescentar frutas ao iogurte do desjejum, terá mais saúde.

O anjo da meditação

Nunca devemos nos tornar
tão santos a ponto de perder
o contato com a Terra.
Não podemos viver apenas
de sonhos.

O anjo dos Florais de Bach

Cure a alma com os
Florais de Bach.
Use-os para equilibrar
o seu estado emocional.

O anjo da natação

Devagar se vai ao longe.
A paciência é uma virtude
a ser cultivada! Que tal ir
nadar no clube hoje?

E, naturalmente, os anjinhos
também têm uma mensagem
para os membros da família,
os parentes, os amigos
e conhecidos.
Que você tenha muita
alegria com os pequenos
mensageiros da luz!